BEI GRIN MACHT SICH IHR WISSEN BEZAHLT

- Wir veröffentlichen Ihre Hausarbeit, Bachelor- und Masterarbeit
- Ihr eigenes eBook und Buch - weltweit in allen wichtigen Shops
- Verdienen Sie an jedem Verkauf

Jetzt bei www.GRIN.com hochladen und kostenlos publizieren

Bibliografische Information der Deutschen Nationalbibliothek:

Die Deutsche Bibliothek verzeichnet diese Publikation in der Deutschen Nationalbibliografie; detaillierte bibliografische Daten sind im Internet über http://dnb.d-nb.de/ abrufbar.

Dieses Werk sowie alle darin enthaltenen einzelnen Beiträge und Abbildungen sind urheberrechtlich geschützt. Jede Verwertung, die nicht ausdrücklich vom Urheberrechtsschutz zugelassen ist, bedarf der vorherigen Zustimmung des Verlages. Das gilt insbesondere für Vervielfältigungen, Bearbeitungen, Übersetzungen, Mikroverfilmungen, Auswertungen durch Datenbanken und für die Einspeicherung und Verarbeitung in elektronische Systeme. Alle Rechte, auch die des auszugsweisen Nachdrucks, der fotomechanischen Wiedergabe (einschließlich Mikrokopie) sowie der Auswertung durch Datenbanken oder ähnliche Einrichtungen, vorbehalten.

Impressum:

Copyright © 2016 GRIN Verlag
Druck und Bindung: Books on Demand GmbH, Norderstedt Germany
ISBN: 9783668822665

Dieses Buch bei GRIN:

https://www.grin.com/document/446041

Rosina Saß

Die Rolle der Europäischen Union als Akteur bei den internationalen Klimaverhandlungen

GRIN Verlag

GRIN - Your knowledge has value

Der GRIN Verlag publiziert seit 1998 wissenschaftliche Arbeiten von Studenten, Hochschullehrern und anderen Akademikern als eBook und gedrucktes Buch. Die Verlagswebsite www.grin.com ist die ideale Plattform zur Veröffentlichung von Hausarbeiten, Abschlussarbeiten, wissenschaftlichen Aufsätzen, Dissertationen und Fachbüchern.

Besuchen Sie uns im Internet:

http://www.grin.com/

http://www.facebook.com/grincom

http://www.twitter.com/grin_com

Freie Universität Berlin

Otto-Suhr-Institut für Politikwissenschaft

Forschungszentrum für Umweltpolitik (FFU)

Die Rolle der Europäischen Union als Akteur bei den internationalen Klimaverhandlungen

Ausgearbeitetes Referat im Rahmen des

PS 15082 [GEND] Policy Analyse, Klimapolitik und Gender

im Wintersemester 2015/16

Rosina Saß

Monobachelor Politikwissenschaft

3. Fachsemester

Inhaltsverzeichnis

1. Einleitung 1
2. Theoretischer Ansatz 2
   2.1 Akteurzentrierter Institutionalismus 3
   2.2 Anwendungsbezug 5
3. Klimapolitik innerhalb und außerhalb der EU 5
   3.1 Kompetenzverteilung innerhalb der EU 6
   3.2 Status der EU bei der COP21 8
4. Fazit 9
Literaturverzeichnis 11

1. Einleitung

„Europa wird auch künftig beim weltweiten Übergang zu einem geringeren CO2-Ausstoß [...] eine führende Rolle spielen" (Miguel Arias Cañete 2015)

Klimapolitik und die Europäische Union – die Europäische Union und Klimapolitik. Diese beiden Begriffe haben eine interessante Verbindung zueinander. Erstmals erscheint das Thema Umweltschutz 1972 in der Pariser Schlusserklärung, in welcher die Europäische Kommission von den Staats- und Regierungschefs der Mitgliedstaaten der Europäischen Union (EU) aufgefordert wird, einen umweltpolitischen Aktionsplan anzufertigen (Geden und Fischer 2008, S. 26). Mit der Anerkennung des anthropogenen Klimawandels wurde die Umweltpolitik zu einer Klimapolitik deren essentielle Bestandteile neben dem Umweltschutz auch die Energiepolitik sowie betroffene Bereiche der Wirtschaftspolitik sind. Die Anforderungen an eine solche gemeinsame Klimapolitik innerhalb der EU sind mit der Zeit gewachsen. Bisher wurden klimapolitische Ziele und Aktionspläne bis zum Jahr 2050 festgelegt, die alle Mitgliedstaaten der Union betreffen. So sollen die Emissionen, als schwerwiegendste Verursacher des Klimawandels, bis 2050 um 80-95% gegenüber dem Level von 1990 innerhalb der EU gesenkt werden. Mit diesen ambitionierten Zielen nimmt die EU auf internationaler Ebene eine Spitzenposition ein. Darauf bezieht sich obiges Zitat von EU- Kommissar Miguel Arias Cañete, der die EU bei den internationalen Klimaverhandlungen in Paris im Dezember 2015 vertrat. Seine Aussage trifft er auf einer Pressekonferenz zu den Ergebnissen der 21. Conference oft the Parties (COP). Bei der jährlich stattfindenden COP verhandeln Vertreter der Staaten der United Nations (UN) im Rahmen der United Nations Framework Convention on Climate Change (UNFCCC) über Mitigations- und Adaptionsmaßnahmen bezüglich des Klimawandels (Bulkeley und Newell 2010). 1997 entstand bei der internationalen Klimakonferenz in Japan das Kyoto- Protokoll, welches ein erster Versuch eines internationalen Vertrages zur Bekämpfung des Klimawandels ist. Zwar wurde der Vertrag von 192 Staaten ratifiziert, allerdings haben während der ersten Verpflichtungsperiode nur 37 industrialisierte Staaten und die EU ihre Emissionen um 5% gegenüber dem Level von 1990 gesenkt (United Nations 2014). Eine effektivere und verbindlichere Übereinkunft soll nun das Paris Agreement darstellen, auf das sich am 12. Dezember 2015 alle 195 Staaten der COP einigten. Das Agreement tritt in Kraft sobald 55 Staaten, die für mindestens 55% der globalen Emissionen verantwortlich sind, ihre konkreten Ratifizierungspläne (nationally determined contributions; NDCs) hinterlegt haben (United Nations 2015). Mit Blick auf Miguel Arias Cañetes Kommentar zu diesem Ergebnis, stellt sich die Frage, welche Rolle die EU als Akteur bei den internationalen Klimaverhandlungen spielt. Um diese Frage zu beantworten, ist zunächst die besondere Konstellation innerhalb der EU zu betrachten. Dazu wird im Folgenden der theoretische Ansatz des akteurzentrierten Institutionalismus dargestellt. Darauf folgt ein kurzes Zwischenfazit mit dem Anwendungsbezug zur EU. Anschließend wird ein Überblick über die Kompetenzverteilung innerhalb der EU im Politikfeld Klimapolitik gegeben. Abschließend soll gezeigt werden, wie die EU, bedingt durch ihren Aufbau innerhalb der Organisation, bei der Klimakonferenz in Paris Einfluss genommen hat. Zum Schluss soll ein Fazit entstehen, welches unter anderem reflektiert, wie limitiert oder aussagekräftig der theoretische Ansatz des akteurzentrierten Institutionalismus in diesem konkreten Fall ist. Hier soll Theorie und Praxis konkret zusammengeführt und die Leitfrage „Welche Rolle spielt die Europäische Union als Akteur bei den internationalen Klimaverhandlungen?" beantwortet werden.

2. Theoretischer Ansatz

Um das Auftreten und Wirken der Europäischen Union bei den internationalen Klimaverhandlungen nachvollziehen zu können, muss zunächst ein Blick auf den Aufbau der EU selbst geworfen werden. Wie bereits erkannt werden konnte und im weiteren Verlauf dieser Arbeit noch deutlicher wird, spielt die EU als Institution selbst eine Rolle bei den Klimakonferenzen. Hinter dieser Institution stehen momentan 28 Mitgliedsstaaten, die miteinander kooperieren. Um sich dieser Art von Kooperation anzunähern, wird im Folgenden der theoretische Ansatz des akteurzentrierten Institutionalismus von Scharpf (2006) genutzt. Die Intention ist dabei, den Einfluss der Europäischen Union als Institution auf ihre Mitgliedsstaaten und das Entstehen von Handlungsabläufen zu erklären.

2.1 Akteurzentrierter Institutionalismus

Grosso modo beschreibt der akteurzentrierte Institutionalismus nach Scharpf (2006) ein System, in dem die Handlungen der Akteure, welche im Mittelpunkt stehen, stark durch Institutionen beeinflusst werden. Aus der politischen Umwelt ergeben sich Probleme, auf welche die betroffenen Akteure, meist Staaten, reagieren müssen. Dazu haben die Akteure verschiedene Fähigkeiten und Handlungsoptionen zur Verfügung. In Abhängigkeit von der Konstellation zwischen den Akteuren ergibt sich die Interaktionsform. Sowohl die Akteure, als auch die Akteurskonstellation und die Interaktionsform werden vom institutionellen Kontext bestimmt und prägen die politische Entscheidung, die dann wiederum die politische Umwelt beeinflusst.

Scharpf definiert das Konzept der Institution als Regelsysteme, die „einer Gruppe von Akteuren offenstehende Handlungsverläufe strukturieren" (Scharpf 2006, S. 77). Institutionen schränken die Tatkraft der Akteure über sanktionierte Regeln ein und beeinflussen das Handeln und die Konsequenzen der von den Akteuren gewählten Strategie durch positive und negative Anreize und das Definieren von legitimem Verhalten. Neben den formalen, rechtlichen Regeln werden hier auch soziale Normen einbezogen, die von den Akteuren als allgemein gültig erklärt wurden und deren Missachtung durch Kooperationsverlust und soziale Verurteilung sanktioniert wird. Institutionen nehmen im theoretischen Ansatz des akteurzentrierten Institutionalismus den größten Einfluss auf die Akteure und ihre Interaktionen und geben am meisten Informationen über eben diese preis, weil die Akteure auf soziale Regelkonstruktionen angewiesen sind, welche wiederum Kollektivwissen und somit allen Akteuren leicht zugänglich sind. Die Regeln beeinflussen außerdem durch Aufmerksamkeitslenkung und Bestimmung der Einschätzung von Wahrgenommenem die selektive Wahrnehmung der Akteursangehörigen. Somit grenzen Institutionen auch die Auswahl der möglichen Strategien ein. Bei kollektiven und korporativen Akteuren prägen Regelwerke die Werteansichten und Handlungspräferenzen der Mitglieder, sowie die Bewertung der Ergebnisse durch die im Regelwerk festgehaltenen Werte. Von korporativen und kollektiven Akteuren spricht man, wenn Entscheidungen in einem gemeinsamen, durch institutionelle Regeln entstandenen Bezugsrahmen getroffen werden. Solche komplexen Akteure sind durch Regeln errichtet worden und können nur mit Regeln funktionieren und fortbestehen, womit das Handeln nach diesen Regeln Bedingung für korporative und kollektive Akteure ist. Veränderungen der Regeln sind mit hohen Kosten verbunden, sobald sich die Akteure auf das Regelsystem verlassen und gestalten sich daher schwierig. Allerdings sind Institutionen ständigem Wandel durch Anpassungsprozesse oder zielgerichteten Änderungen unterlegen. Bedingt ist dies durch eine gewisse Pfadabhängigkeit, weil die Ausgangssituation großen Einfluss auf mögliche Ergebnisse und Ziele hat.

Wie bereits erwähnt, spielen Akteure, Konstellationen und Interaktionsformen bei der Entstehung einer politischen Entscheidung eine wichtige Rolle. Akteure zeichnen sich vor allem durch ihre „Fähigkeiten, [...] Wahrnehmungen und [...] Präferenzen" aus (Scharpf 2006, S. 86). Mit Fähigkeiten ist die Handlungsmacht eines Akteurs gemeint. Darunter fallen beispielsweise materielle, militärische und technologische Ressourcen sowie wirtschaftlich verwertbare Fähigkeiten und die Qualität des Informationszugangs. Die schwerwiegendsten Handlungsressourcen sind jedoch institutionelle Regeln, denn diese bestimmen und verteilen Kompetenzen, Rede- und Vetorechte sowie autonome Entscheidungsmächte. Die Wahrnehmungen und Präferenzen der Akteure beziehen sich auf die verschiedenen Handlungsorientierungen, z.B. rational choice, Lernverhalten oder Überzeugung durch Argumente, die durch ein bestimmtes Problem geformt werden und zu einer Bewertung des Status quo mit seinen Ursachen, Auswirkungen und potentiellen Lösungen und zur Suche nach Handlungsmöglichkeiten führt. Die Handlungsorientierungen werden dabei von institutionellen Regeln beeinflusst. Die beteiligten Akteure, ihre Handlungsoptionen und die damit verbundenen Ergebnisse und Priorisierung der Ergebnisse ergeben die Konstellation. Die verschiedenen Konstellationen treten in unterschiedlichen Interaktionsformen auf. Spieltheoretisch betrachtet ist hier vor allem die Rede von Interaktionsformen, in denen ein Spieler die Strategien anderer Spieler einseitig festlegen kann oder alle Akteure abstimmen. Ebenso wird der Grad der Kooperation, z.B. durch Verhandlungen, als Interaktionsform einbezogen. Genauso können in verschiedenen Konstellationen unterschiedliche Interaktionsformen auftreten. Institutionelle Regeln und der institutionelle Kontext beeinträchtigen den Interaktionsmodus und nehmen so über das institutionelle Design Einfluss auf die Problemlösungseffektivität politischer Prozesse. Dies betrifft vor allem Regeln, welche die Handlungsorientierungen und Konstellation der Akteure beeinflussen. Die institutionellen Strukturen können die verschiedenen Interaktionsmodi in unterschiedlichem Maß stützen und die Anwendungsmöglichkeiten der Interaktionsformen begrenzen. Aber auch die unterschiedlichen Interaktionsformen haben differenzierte Anforderungen an die institutionelle Konfliktlösungsfähigkeit. Die Konfliktlösungsfähigkeit der Interaktionsformen kann durch Änderungen in ihrer Beschaffenheit in Anlehnung an das institutionelle Design angepasst werden.

Insgesamt lässt sich konstatieren, dass trotz der Beeinflussung der Akteure, der Konstellation und der Interaktionsform durch die institutionelle Struktur mehrere Handlungsverläufe möglich sind. Institutionen definieren bestimmte Handlungsverlaufe lediglich als positiv oder negativ. Da die Akteure trotzdem noch eine große Auswahl an Handlungsmöglichkeiten haben, ist der Einfluss nie gänzlich.

2.2 Anwendungsbezug

Aus der Sicht des akteurzentrierten Institutionalismus stellt die Europäische Union eine Institution dar, welche das Handeln ihrer Mitgliedstaaten beeinflusst. Dies geschieht zum einen durch konkrete institutionelle Regeln wie Gesetze und zum anderen durch die im Grundsatz der EU verankerten Werte. Betrachtet man die EU allerdings in einem internationalen Kontext wie dem der Klimaverhandlungen, so tritt sie als korporativer und kollektiver Akteur auf. In diesem Zusammenhang bilden dann die einzelnen Mitgliedstaaten die Akteursangehörigen. Nachfolgend soll analysiert werden, wie die Akteursangehörigen im Bereich Klimapolitik interagieren und wie sie dann gemeinsam als korporativer und kollektiver Akteur auf der 21. Internationalen Klimakonferenz aufgetreten sind.

3. Klimapolitik innerhalb und außerhalb der EU

Nachdem aus der Perspektive des akteurzentrierten Institutionalismus bekannt ist, warum die Mitgliedstaaten der EU kooperieren, ist nun zu klären, wie die Mitgliedstaaten interagieren, wie stark die Kooperation ist und wer über welche Kompetenzen verfügt. Dazu wird zunächst auf die Kooperation innerhalb der EU im klimapolitischen Bereich eingegangen, bevor die Vertretung der Europäischen Union auf der COP21 untersucht wird.

3.1 Kompetenzverteilung innerhalb der EU

Im Kyoto- Protokoll verpflichtet sich die Europäische Union 1997 als Gemeinschaft mit nationalen Teilzielen zur Reduktion von Treibhausgasen (Geden und Fischer 2008, S. 28f). Im Folgenden soll gezeigt werden, wie sich diese Gemeinschaft im Bereich Klimapolitik, nicht nur bezogen auf das Kyoto- Protokoll, organisiert und wem welche Kompetenzen zugeteilt wurden.

In der Reform der Einheitlichen Europäischen Akte (EEA) 1986 erhielt die Umweltpolitik eine vertragliche Grundlage und wurde somit Teil der Gemeinschaftsaufgabe (Brauch 1996, S. 367). Außerdem wurde die Umweltpolitik mit dem Vertrag von Amsterdam 1999 von der intergouvernmentalen auf die supranationale Ebene gehoben, wodurch den Institutionen der EU eine größere Rolle zugeschrieben wurde (Geden und Fischer 2008, S. 29). Eine ausschlaggebende Position hat die Europäische Kommission, die zwar keine Gesetzgebungskompetenz besitzt, aber durch Gesetzesvorschläge klimapolitische Themen auf die Agenda setzen kann (Geden und Fischer 2008, S. 37). Die zentralen Organe der tatsächlichen Gesetzgebung im umweltpolitischen Bereich sind der Rat der Europäischen Union und das Europäische Parlament. Hier beschließt der Rat Gesetze mit qualitativer Mehrheit und das Parlament muss mit absoluter Mehrheit zustimmen. Lediglich bei umweltpolitischen Entschlüssen, die die Fiskalpolitik oder die Energieversorgungsquellen der Mitgliedstaaten beeinflussen, hat der Rat eine alleinige Gesetzgebungskompetenz. Die Anhörung des Parlaments beeinflusst die Entscheidung nicht, wenn der Rat das Gesetz einstimmig oder mit qualitativer Mehrheit beschließt (Geden und Fischer 2008, S. 34f). Der Europäische Rat ist zwar nicht direkt in die Gesetzgebung eingeschlossen, er gibt aber über seine einstimmige Stellungnahme Auskunft über die Zukunftsorientierung. Außerdem bestimmt der Europäische Rat, welche Kompetenzen an die EU übertragen werden und welche bei den Mitgliedstaaten bleiben (Geden und Fischer 2008, S. 46). Treten Unklarheiten bei bereits entschiedenen Kompetenzverteilungen auf, so entscheidet der Europäische Gerichtshof (EuGH) über die Zuständigkeit. In der Klimapolitik spricht der EuGH oft bei Konflikten zwischen der Umweltpolitik einerseits und der

Wirtschaftlichkeit bzw. dem Wettbewerb andererseits Recht. Neben den Institutionen der EU nehmen Energiekonzerne und Umweltschutzverbände über Lobbying Einfluss auf die Klimapolitik. Sie gestalten Meinungsbildungsprozesse und beeinträchtigen indirekt die Gesetzgebungsverfahren (Geden und Fischer 2008, S. 35f). Energieversorgungsunternehmen werden außerdem im Europäischen Wirtschafts- und Sozialausschuss (EWSA) vertreten und können dort direkt Stellung zu Gesetzgebungsverfahren nehmen (Geden und Fischer 2008, S. 60). Gewerkschaften und Umweltverbände bringen soziale Aspekte in ihrem Interesse über den Europäischen Gewerkschaftsbund (EGB) ein (Geden und Fischer 2008, S. 63f).

Zwei essentielle Bestandteile der europäischen Klimapolitik sind die Verminderung von Emissionen und der Einsatz von erneuerbaren Energien. In beiden Bereichen gibt es verbindliche nationale Ziele, welche durch die EU festgelegt wurden. Die Ziele bezüglich des Einsatzes von erneuerbaren Energien orientieren sich am Entwicklungsstand bzw. an Startpunkt und Möglichkeiten der jeweiligen Mitgliedstaaten und variieren von Staat zu Staat. Für die Reduktion von Treibhausgasen innerhalb der EU wurde 2005 das europäische Emissionshandelsytem (Emission Trading Scheme, ETS) eingeführt, welches 45% der Emission umfasst (European Commission 2016). Die Idee des ETS ist es, den Ausstoß von Kohlenstoffdioxid kostenpflichtig zu machen. Dafür werden für Industrieanlagen Emissionsobergrenzen festgelegt, die nicht überschritten werden dürfen. Die Betreiber der Anlagen müssen in diesem Rahmen Zertifikate erwerben, die sie zum Ausstoß von Kohlenstoffdioxid berechtigen. Unternehmen, die weniger Emissionen produzieren als sie Zertifikate im Rahmen der Höchstmenge erworben haben, können einen Teil der Zertifikate an Unternehmen verkaufen, welche über der Obergrenze produzieren wollen. Mit der Verringerung der Obergrenzen mit der Zeit, sollen die Unternehmen motiviert werden, ihre Anlagen umweltfreundlich umzurüsten (Konsolidierte Fassungen des Vertrags über die Europäische Union und des Vertrags über die Arbeitsweise der Europäischen Union, Charta der Grundrechte der Europäischen Union 2010). Außerdem erhält Kohlenstoffdioxid durch das ETS einen Marktwert und die Verringerung der Emissionen lohnt sich auch betriebswirtschaftlich (Geden und Fischer 2008, S. 89f). Die übrigen 55% der Emissionen werden durch nationale Maßnahmen im Rahmen des Kyoto- Protokolls reguliert (Konsolidierte Fassungen des Vertrags über die Europäische Union und des Vertrags über die

Arbeitsweise der Europäischen Union, Charta der Grundrechte der Europäischen Union 2010). An der Klimapolitik als Gemeinschaftsaufgabe sind also vor allem die Institutionen der EU und die Mitgliedstaaten beteiligt. Sie teilen sich im Rahmen der Supranationalität die Kompetenzen auf, wobei im klimapolitischen Bereich eine gemeinsame Linie verfolgt wird. Unterstrichen wird dies durch die Richtlinien und die verbindlichen nationalen Ziele, die auf europäischer Ebene beschlossen werden. Auch mit dem ETS nimmt die EU starken Einfluss auf die Wirtschaft der Mitgliedstaaten. Die Europäische Union hat ein gemeinsames klimapolitisches Ziel vor Augen, welches durch „Burden Sharing", also die unterschiedliche Lastenverteilung auf die Mitgliedstaaten, erreicht werden soll.

3.2 Status der EU bei der COP21

Nachdem geklärt wurde, wie sich die EU im Bereich Klimapolitik innerhalb organisiert, stellt sich nun die Frage, wie sie ihre Ziele nach außen auf internationaler Ebene vertritt. Da die jährliche COP die größte und schwerwiegendste internationale Klimakonferenz darstellt, gibt die Vertretung der EU dort Hinweise auf das internationale Auftreten der EU im Bereich Klimapolitik.
Die EU wird auf den internationalen Klimakonferenzen durch den Rat der Europäischen Union und die Europäische Kommission repräsentiert. Zum Zeitpunkt der COP21 im Dezember 2015 hatte Luxemburg den Vorsitz im Rat der EU inne. Personell wurde die Europäische Union bei den internationalen Klimaverhandlungen in Paris somit von Carole Dieschbourg, der Umweltministerin Luxemburgs, und Miguel Arias Cañete, dem EU-Kommissar für Klimapolitik und Energie, vertreten. Außerdem wurden Vertreter aus verschiedenen Mitgliedstaaten entsandt, welche bei speziellen Themen die Verhandlungen für die EU geführt haben und sich in den jeweiligen Bereichen stellvertretend für die EU geäußert haben (Europäische Kommission 2015).
In Vorbereitung auf die COP21 sollten alle Staaten, die an der Klimakonferenz teilnehmen, ihre klimapolitischen Ziele und Maßnahmen beim Sekretariat des UNFCCC in Form von Intended Nationally Determined Contributions (INDCs) einreichen. Die Europäische Union hat ein gemeinsames INDC erarbeitet und abgegeben (United Nations Framework Convention on Climate Change). In diesem

INDC veranschaulicht die EU ihre ambitionierten klimapolitischen Ziele und ruft andere Staaten zur pünktlichen Einreichung ihrer jeweiligen INDCs auf. Hier zeigt sich schon einmal, welche engagierte Rolle die Europäische Union in der internationalen Klimapolitik einnimmt. Nicht nur ihre eigenen Ziele sind höher gesteckt als die vieler anderer Länder, sondern sie fordert auch ein globales, verbindliches Abkommen um die Erderwärmung unter 2°C zu halten (Latvian Presidency of the Council of the European Union 2015). Um ihre ambitionierten klimapolitischen Ziele besser durchsetzen zu können, formte die EU gemeinsam mit einer kleinen Zahl von entwickelten und in der Entwicklung stehenden Ländern die „High Ambition Coalition". Erstmals agierte diese bei der COP17 in Durban 2011 mit dem Ziel eines Fahrplans für die COP21. Nach dieser erfolgreichen Einflussnahme vergrößerte sich die Koalition auf über 80 Staaten. Laut Miguel Arias Cañete hat die „High Ambition Coalition" einen großen Teil zum Ergebnis der 21. Conference of the Parties im Dezember 2015 beigetragen (Miguel Arias Cañete). Im INDC der EU wird außerdem ausdrücklich Bezug auf das gemeinsame Agieren der Mitgliedstaaten und ihr geschlossenes Auftreten genommen (Latvian Presidency of the Council of the European Union 2015). Insgesamt wird deutlich, dass die EU ein gemeinsames Ziel hat, welches sie durch „Burden Sharing" erreichen will und somit als Staatenverbund auf der COP21 auftritt (Dagmar Kiyar 2013).

4. Fazit

Der theoretische Ansatz des akteurzentrierten Institutionalismus soll Aufschluss darüber geben, warum die Mitgliedstaaten der Europäischen Union in der erläuterten Weise kooperieren. Bezieht man den theoretischen Ansatz auf die europäische Klimapolitik so fällt auf, dass die Kooperation über den akteurzentrierten Institutionalismus hinausgeht. Während Scharpf (2006) in seiner Theorie lediglich von sanktionierten Regeln spricht, welche die Handlungsorientierungen der Akteure beeinflussen, gelten in der EU verbindliche klimapolitische Gesetze. Das heißt, die Handlungsorientierungen der Akteure werden nicht nur geleitet sondern ihre Handlungsmöglichkeiten werden konkret eingeschränkt. Betrachtet man beispielsweise die angestrebte Verminderung der Emissionen, so wird mit dem ETS sogar für einen Teil der nationalen Emissionseindämmungen innerhalb der EU eine

Strategie vorgegeben, welche die Mitgliedstaaten befolgen müssen. Jedoch haben sie sich zuvor auf dieses Vorgehen geeinigt. Hier findet sich ein weiterer Aspekt, der in Scharpfs theoretischem Ansatz nicht berücksichtigt wird: die Akteursangehörigen bestimmen selbst, wie weit die Institutionen Einfluss nehmen können, indem die Mitgliedstaaten die Kompetenzverteilung bestimmen bzw. bereits bestimmt haben. Die Bedeutung der Institutionen wurde mit der Hebung der Umweltpolitik von der intergouvernmentalen auf die supranationale Ebene sogar noch verstärkt (Geden und Fischer 2008, S. 29). Energiekonzerne und Umweltverbände, welche durch Lobbying auch Einfluss auf klimapolitische Entscheidungen nehmen, werden im Ansatz des akteurzentrierten Institutionalismus ebenfalls nicht berücksichtig.

Die Interaktionsformen bei Entscheidungen im Bereich der Klimapolitik sind Verhandlungen und Beschlüsse mit qualitativer bzw. absoluter Mehrheit in Rat und Parlament. In diesem Interaktionsmodus kann die Entscheidungsfindung zwar teilweise schwierig werden, da bei einem Großteil der Beschlüsse sowohl Rat als auch Parlament zustimmen müssen. Jedoch ist die Lösungseffektivität trotzdem recht hoch, weil die entschiedenen Beschlüsse von allen Mitgliedstaaten eingehalten werden müssen. Dieses institutionelle Design ermöglicht ein geschlossenes Auftreten auf den internationalen Klimaverhandlungen. Dazu trägt auch die starke Verbindung durch die im Grundsatz der EU enthaltenen Werte bei, welche typisch für korporative und kollektive Akteure ist.

Insgesamt lässt sich konstatieren, dass die Perspektive des akteurzentrierten Institutionalismus zwar mögliche Gründe für die Kooperation zwischen den Mitgliedstaaten der EU aufzeigt, aber die tatsächliche Kooperation in ihrer vorhandenen Stärke und Form über die Erklärungsmöglichkeiten dieses theoretischen Ansatzes hinausgeht. So wird die Akteurskonstellation und die Interaktionsform im Fall der EU, wie im theoretischen Ansatz gedacht, vom institutionellen Design bestimmt und die verschiedenen Akteursangehörigen bringen auch unterschiedliche Ressourcen mit, welche in der europäischen Klimapolitik berücksichtigt werden. Allerdings reicht der Einfluss der EU als Institution auf ihre Mitgliedstaaten über die Definition von positiven und negativen Handlungsverläufen hinaus. Außerdem finden einige Faktoren, wie z.B. Lobbying, in Scharpfs Ansatz keine Beachtung.

Dennoch bietet die Betrachtung des Grundgerüsts der europäischen Klimapolitik aus Sicht des akteurzentrierten Institutionalismus eine Basis für die Beantwortung der

Leitfrage „Welche Rolle spielt die Europäische Union als Akteur bei den internationalen Klimaverhandlungen?". Durch die enge Kooperation der Mitgliedstaaten, welche mit dem institutionellen Design der EU begründet ist, kann die EU bei den internationalen Klimaverhandlungen als Staatenverbund auftreten und hat so bessere Chancen ihre Interessen durchzusetzen. Diese Chancen wurden strategisch durch die Bildung der „High Ambition Coalition" erhöht. Denn je mehr Staaten an einem Strang ziehen, desto größer ist ihre Einflussmöglichkeit. Die EU zeigt sich sowohl mit dieser Strategie als auch in ihrer eigenen Klimapolitik als ein sehr engagierter Akteur, der auf den internationalen Klimaverhandlungen, aktuell vor allem bei der COP21, eine Vorreiterrolle einnimmt und andere Verhandlungsteilnehmer beeinflussen kann. Die ambitionierte Klimapolitik der EU ist in dieser Form möglich, weil sie als korporativer und kollektiver Akteur über ihre Mitgliedstaaten verschiedene Fähigkeiten und Ressourcen mitbringt. Außerdem hat die EU die Möglichkeit, über „Burden Sharing" die Lasten auf die Mitgliedstaaten zu verteilen, was das Erreichen von hohen klimapolitischen Zielen vereinfacht.

Literaturverzeichnis

Konsolidierte Fassungen des Vertrags über die Europäische Union und des Vertrags über die Arbeitsweise der Europäischen Union, Charta der Grundrechte der Europäischen Union (2010). [März 2010]. Luxemburg: Amt für Veröff. der Europ. Union.

Brauch, Hans Günter (1996): Klimapolitik. Naturwissenschaftliche Grundlagen, internationale Regimebildung und Konflikte, ökonomische Analysen sowie nationale Problemerkennung und Politikumsetzung : mit ... 26 Tabellen. Berlin [u.a.]: Springer.

Bulkeley, Harriet; Newell, Peter (2010): Governing Climate Change. London/ New York: Routledge.

Dagmar Kiyar (2013): Internationale Klimapolitik: der UNFCCC-Prozess. Hg. v. Bundeszentrale für politische Bildung. Online verfügbar unter http://www.bpb.de/gesellschaft/umwelt/klimawandel/38529/unfccc-prozess%2013.3.16, zuletzt geprüft am 13.03.2016.

Europäische Kommission (2015): Klimakonferenz der Vereinten Nationen in Paris – Fragen und Antworten. Hg. v. European Commission. European Commission. Brüssel. Online verfügbar unter http://europa.eu/rapid/press-release_MEMO-15-6161_de.htm, zuletzt geprüft am 13.03.2016.

European Commission (2016): 2020 climate & energy package. Hg. v. European Commission. European Commission. Online verfügbar unter http://ec.europa.eu/clima/policies/strategies/2020/index_en.htm, zuletzt geprüft am 04.04.2016.

Geden, Oliver; Fischer, Severin (2008): Die Energie- und Klimapolitik der Europäischen Union. Bestandsaufnahme und Perspektiven. 1. Aufl. Baden-Baden: Nomos-Verl.-Ges. (Denkart Europa, 8).

Latvian Presidency of the Council of the European Union (2015): Submission by Latvia and the European Commission on behalf of the European Union and its member states, 06.03.2015.

Miguel Arias Cañete (2015a): EU Climate Commissioner: How we formed the High Ambition Coalition. Hg. v. BusinessGreen. Online verfügbar unter http://www.businessgreen.com/bg/opinion/2439215/eu-climate-commissioner-how-we-formed-the-high-ambition-coalition.

Miguel Arias Cañete (2015b): Historic climate deal in Paris: speech by Commissioner Miguel Arias Cañete at the press conference on the results of COP21 climate conference in Paris. Brüssel, 14.12.2015. Online verfügbar unter http://europa.eu/rapid/press-release_SPEECH-15-6320_en.htm, zuletzt geprüft am 18.03.2015.

Scharpf, Fritz W. (2006): Interaktionsformen. Akteurzentrierter Institutionalismus in der Politikforschung. Unveränd. Nachdr. der 1. Aufl. Wiesbaden: VS, Verl. für Sozialwiss.

United Nations (2014): Kyoto Protocol. Hg. v. United Nations. United Nations Framework Convention on Climate Change. Online verfügbar unter http://unfccc.int/kyoto_protocol/items/2830.php.

United Nations (2015): Historic Paris Agreement on Climate Change. 95 Nations Set Path to Keep Temperature Rise Well Below 2 Degrees Celsius. United Nations

Framework Convention on Climate Change. Paris. Online verfügbar unter http://newsroom.unfccc.int/unfccc-newsroom/finale-cop21/.

United Nations Framework Convention on Climate Change: Intended Nationally Determined Contributions (INDCs). Hg. v. United Nations Framework Convention on Climate Change. United Nations Framework Convention on Climate Change. Online verfügbar unter http://unfccc.int/focus/indc_portal/items/8766.php, zuletzt geprüft am 13.03.2016.

BEI GRIN MACHT SICH IHR WISSEN BEZAHLT

- Wir veröffentlichen Ihre Hausarbeit, Bachelor- und Masterarbeit

- Ihr eigenes eBook und Buch - weltweit in allen wichtigen Shops

- Verdienen Sie an jedem Verkauf

Jetzt bei www.GRIN.com hochladen und kostenlos publizieren